Almádena

Almádena

Mariana Ianelli

ILUMINURAS

©*Copyright* 2007
Mariana Ianelli

Capa
Mais Além do Leste (2004),
óleo sobre tela [160 cm x 200 cm]
Rubens Vaz Ianelli, São Paulo
Cortesia do artista

Desenhos
Nanquim a bico de pena e aquarela sobre papel
Rubens Vaz Ianelli, São Paulo
Cortesia do artista

Design Gráfico
Via Impressa Edições de Arte

Revisão
Lucia Brandão

Dados Internacionais de Catalogação na Publicação (CIP)
(Câmara Brasileira do Livro, SP, Brasil)

Ianelli, Mariana, 1979 –
Almádena / Mariana Ianelli. – São Paulo

ISBN 978-85-7321-260-0

1. Poesia brasileira 1. Título.

07-2389   CDD - 869.91

Índice para catálogo sistemático:
1. Poesia : Literatura brasileira   869.91

2007
EDITORA ILUMINURAS
Rua Inácio Pereira da Rocha, 389 - 05432-011 - São Paulo - SP - Brasil
Tel.: (11) 3031-6161 / Fax: (11) 3031-4989
iluminur@iluminuras.com.br
www.iluminuras.com.br

Índice

Das Origens	11
Do Adeus	23
Paraíso	31
Vertigo	39
De Agno	45
Ariadne	55
Poética	61
Almádena	67
Canto de Ofício	73
Da Liberdade	79
Manuscrito do Fogo	85
Hodie	95

Ah serpentes astutas do mundo, vivas e tão vivas!
Não vos fieis da vossa vida nem da vossa viveza;
não sois o que cuidais, nem o que sois;
sois o que fostes e o que haveis de ser.
(...)
Pulvis es.

Antonio Vieira – *Sermão de Quarta-Feira de Cinza, 1672*

Das Origens

Quem vai circularmente de um ponto para o mesmo ponto, quanto mais se aparta, tanto mais se chega para ele

Antonio Vieira

O mar, há bilhões de anos,
Perguntou por ti.
Vieram as árvores,
As flores oferecidas,
E em cada nascimento
Tua ausência era vida.

Passaram as maçãs,
As primeiras raízes,
E na quebra das ondas
Teu nome se dissolvia.

Fundo no oco do azul,
Latejava o silêncio das origens.

Noites de sargaço, dias de trigo,
No enquanto das águas te fazias antigo.
Ainda assim – segredava-te o mar –
Dormirás no horizonte da espuma
Por mais alguns milênios,
Meu filho indistinto.

Sob a foice da lua,
Os cardumes te carregavam
Na exploração dos recifes
E o pouco da tua promessa
Densa de sombra e exílio
Abismava-se dentro das rocas
Para morar na solidão primitiva.

Às vezes tua vontade
Era subir ao topo do ventre
E seguir o apelo da brisa
– Nada te repreendia.

Podias ter sido o sargaço,
Podias ter sido o trigo.
Viajavas pela dinastia de tudo
Com teu corpo vazio
Embebido na paleta das coisas
Depois inteiro salpicado de espírito.

Em uma gota estrelada,
Descias pelo vão da terra
Até o império das ametistas
E então discípulo dos mistérios
Da exuberância gratuita
Tomavas o caminho do regresso
No gemido ondulante de um rio.

Amanhã era o teu destino.

No suor das rosas,
Na labareda das chuvas,
Na saliva de um poço,
No mel tardio da fruta,
Havia sempre o mesmo soluço.

Em todos os espelhos do mundo
O oceano rogava por ti
— *Volta, meu filho inconcluso.*

Quanto mais longa a jornada,
Tanto mais leve o retorno.
Túmido de luz e penumbra,
O teu princípio fluía
Na única lágrima de esperma
Virgem de tão fecunda.

A infância do tempo te possuía
Mas só o eterno presente das coisas
Sagrava-te o dom de existir.
Sendo pétala murcha,
Não desaparecias com a defloração.
Sendo vinho, eras também sangue.

O que morria contigo não tinha fim.

Amorosamente peregrino,
Indistintamente alheio e próprio,
Lá estavas, diante do olho do antílope,
À tua maneira invisível de calar
Dizendo-te *eu sou*.

Nenhum lar para ti que não o absoluto.
O vôo da águia, pensamento alado,
O galgar das patas, pensamento chão.
No embalo das almas, tua consciência
Gravitava em torno das nuvens
E dos campos alagados.

Miravas-te no cortejo das formas
Meditando o teu despertar
Até rebentar a manhã
Completa e derradeira
Da chegada de teu corpo e teu nome.

Iago em pele de bronze,
Bartolomeu no coração,
Mateus nas mãos e nos pés,
João no teu rosto de amante.

Foi num lampejo que surgiste,
Numeroso, sendo apenas um,
Ancião, embora menino,
Rapsodo antes da palavra.

De tantas vertentes,
Sementes que foram tua morada,
Agora trazias em ti
O universo de tua própria casa.

Transbordavas no simples gesto
De deitar a cabeça na relva
E já não podias ser relva,
Porque eras tu, homem, que te habitavas.

Estrela em meio às estrelas,
Alguém no alto da ladeira
Esperando o amarelo da tarde.
Os teus braços na pedra,
O olhar de quem procura
E as tuas pernas cansadas.

Fosse o tempo sem relógio
Das viagens aventureiras,
Havias de entardecer,
De percorrer o céu, e não esperá-lo.

Os passos deixados na estrada
Ensinavam-te uma nova história.
Não mais o teu puro êxtase
Desabando num relâmpago,
Não o teu país de medusas,
Tampouco o segredo do escuro
Nos labirintos da campanha.

A memória da imensidão
Permanecia em ti, clandestina,
Um hieróglifo inscrito
Na epiderme de uma cidade.

Teu peito curvado para trás,
Como se de novo uma espiga
Oscilasse em algum lugar da planície,
Mas já não te lembravas.

Teu peito largo, de navegante,
Sondando, vencendo uma esquina,
E onde quer que te levasse o desejo
As ruas desembocavam no mar.

Um dia te lembrarás.

Levantar muros, depois derrubá-los,
Saber quando abrir uma porta,
Quando fechá-la,
Amar com a carne e perder,
Com a razão sentir e ganhar.

Para a esquerda, para a direita,
Pêndulo das vésperas, tu bailavas.

A força ferrada a teu pulso
De teu pulso se despedia
Para que desvendasses bem cedo
O gozo do adeus, o sono consentido,
As lições de ser e não ter,
Escombros do teu tesouro, saudades.

Aqui, o instante. Hoje, a estrada.

Acima da linha do cruzeiro,
Sobre violentas montanhas,
A melancolia hospedava-se em ti
E logo te abandonava.

Na vertigem das distâncias,
Algo te feria, mas como entender?
Era a tua herança germinal,
Paisagem de correnteza,
Tempestade, orvalho e aurora.

Tinhas a idade dos búzios
E a euforia dos idiotas.
Entregavas-te num abraço
Ao futuro outrora pressentido
No fio de voz que te chamava.

Mas ainda não te entregavas ao túmulo,
Infinito ponto de partida
Para onde os imigrantes retornam,
Finalmente constelados.

Doze meses de verão no teu corpo,
Ano após ano, até a colheita do branco.

Os lampiões esperavam.
Sobre uma cama desfeita,
Os teus ombros estendidos,
O som da corda de um violino
E o teu sexo aprendendo a ser sábio.
Ave prazer, quimera, ave.

No cume do monte, um jovem
E este jovem submerso em ti
Num sonho de passagem
Sonhado entre quatro paredes
Debaixo de um manto de ardósia.

Imaginavas a colina
E tão-só por imaginá-la,
Já te encontravas lá em cima,
Pronto a ouvir os sinos
Quando e onde nada se ouve.

Não seria um homem a te dar fé,
Mas um ramo de avenca,
Uma pérola, um osso.
Muitos iguais a ti
No esquecimento e no espanto.
Muitos contigo na partilha.
Cada um sozinho invernando.

Em sigilo trabalhavas.
Isto era preciso –
Acolher o extraviado,
Absorver o dissolvido.
Não de um modo pesaroso,
Mas com a leve distração
De quem entra no insondável
E nele sobrevive
Descentrado, possuído.

Um cheiro, um sabor,
Ou talvez um ruído
Te perturbava, te seduzia.
Mais te acercavas,
Mais a substância se esvaía.

De repente, num sol de âmbar,
No mármore feito abrigo,
A verdade irradiava –
Evangelho para ler com os sentidos.

Eis um homem que divaga
Debruçado sobre a varanda,
À mesma hora, todos os dias.
Um tremor e ele se descobre
Sucessor de uma grande família,
Mas singularmente mortal,
Terrivelmente despido.

Eis um homem que decide.

Preparavas-te para o momento
Mais belo e mais difícil,
Por isso te iniciaste
Na linguagem dos rochedos,
No dialeto montanhês,
Na fala muda dos tigres.

Desceste as escadas,
Não tornarás a subi-las.
Cem milhas trilhadas,
Virando uma esquina,
Cem milhas por trilhar,
E ainda outra esquina.

Seguiste a profecia de teu nome
Porque tinha de ser assim.
Eras tu o eleito, o pretendido.
Por quem um chamado atravessava
Morros, crateras e baías.

Eras a criatura mínima, o filho.
Sem vínculos nem divisas,
Todas as chaves já perdidas,
Bandeiras aflitas.
Direção nenhuma no mapa,
Somente o teu dizer sim.

Cascalho e cascalho sob o céu,
Sobre a terra, alvorada: chegaste.
Como se desgarrado,
Como se contundido,
Pronto para o sem-limite.

Em ti, o que te rodeia.
Fora de ti, bem-vindo seja,
O que, faminto, te ocupa.
O branco definitivo.

Total, hediondo, o branco.

Uma vida por esse lampejo
De firmamento e precipício –
Não é cedo nem tarde, filho.
É o teu momento de estar
De novo indissolúvel, comigo.

Vê-se uma praia selvagem,
O íntimo da matéria-prima.
Vê-se, adiante, um vulto
Dando-se em resposta ao mar,
E tu és a resposta,
Esta flama, este arrepio.

Nada mais a construir,
Nada por ser destruído.
Tal como há bilhões de anos,
No teu porvir, o teu início.

Do Adeus

*Pó levantado, lembra-te outra vez, que hás de ser pó caído,
e que tudo há de cair, e ser pó contigo*

Antonio Vieira

Porque é sempre despedida,
Todas as noites, desde o princípio,
Na resma de papéis escritos,
No que só o olhar suplica.

Porque é sempre uma ponte,
Um banco de jardim, um navio:
Pequeno mundo de viagens prometidas,
Sem outro regresso que partir.

Homens do Mediterrâneo,
Plural de um só navegante,
Ser e esquecimento,
Um minuto apenas e tanto sangue.

O que se cria do que se perde,
Cavalinho de bronze,
Borra de açúcar, gota de rubi –
O infinito durante.

De tudo há que se colher o pó,
Continuar a alma, legar para o filho.
Em tudo há que se viver um domingo.

Porque sete vezes sepultado.
Porque no vento e para o vento, cotovia.

Morrer de ter sido, quantos não morreram.
Amar por ter amado, quem poderia?

Nos galeões naufragados,
Os punhais esperam pelos escafandristas.
Escudos, canhões, astrolábios e lamparinas
Repetem o céu com sua campa vidrada
E a paz que, por existir, está dita.

O último debate, o último trago,
Hoje o último dia.
Sempre o mesmo e diverso
Merecimento da vida.

Esta casa, feita para dois,
É prata do mar se exibindo.
Para quem vai sozinho,
A paisagem é bem outra,
Deserto de baleias, estrada de beduíno.

Nos espaços abertos
Dentro de salas e quartos,
Longe, muito longe,
Sempre há uma vontade de nuvem.

Sempre um estar mais além,
Andrômeda, colibri.

A madeira que se move, imperceptível,
Um punhado de brasa, um vestido –
Tudo que a terra pulveriza.
E, no entanto, este coração
Martelando sob o tecido.
Agora a última sístole.

Encontrar a chave anos mais tarde,
Quando a passagem já está perdida;
Descobrir uma carta selada,
Quando a palavra secou na raiz.
Instante dos instantes,
Viaja-se de encontro ao extinto.

Seja como for, a vida fugitiva.

Talvez a ânsia de vitória
Perdoe o soldado desconhecido.
Talvez a roda de bicicleta
Despedaçada contra o portão
Envelheça o menino.

Mas sempre isto e um albatroz,
Sempre as marés do Pacífico.

Um século esculpindo a montanha,
Fazendo-a consentir.
Porém, terá sido menos da rocha que do fogo
O seu mirante, o seu abismo.

Porque, entre cinzas, o grão do possível.

Aquele que chega ao Farol de Santa Marta
Não volta dali completamente,
Nem o farol é mais o que era
Antes, pouco antes de ser visto.
Uma luz vai, um corpo fica.

Porque cada coisa, para ser,
Em seu todo se divide.
As fases da lua, a pele da orquídea,
As cores com que se faz o branco.

Houston, Valparaíso,
E Cáceres e Labé,
Siena, Malakal, Xangai,
E Bayamón e Quebec.
Onde o tempo deságua,
Onde a eternidade hesita.

Se as distâncias se alargam,
Gavião, codorniz.

O mito, desde sempre, o mito.
Mas outubro tudo que passa,
Regato o próximo que se afasta,
O estrangeiro que desliza.

Sempre menos e a esfinge do exílio.

Por um gole de rum,
Por teus olhos antigos,
Ainda estar aqui.
Por pouco, muito pouco,
Ainda acordar e vestir-se.

Em nome de alguma história de brisa,
De uma hora debaixo da sombra,
Um sonho que se batiza.

Quantas tardes por uma tarde,
Quantos mares por um destino.

Ainda se ouve uma prece
Rugindo no cemitério dos livros.
Ainda a fresta de um muro
Cala o testemunho do grito.

Num espelho coberto,
No desenho lapidar das ruínas,
Qualquer volúpia ou gaivota,
Vaga fluindo e refluindo.

E as cordas tiradas da harpa.
E as páginas soltas de uma elegia.
Tudo que resta incompleto
Porque areia, neblina.

Sempre o desmedido,
A graça e o desmedido.

Estilhaço de vidro,
Uma ampulheta, um cachimbo,
Todos objetos e nenhum,
Todos inquilinos do sigilo.

E o ninho expulso do topo,
E o fruto não nascido.
Tanta morte, tanto sono
Para que um, entre milhões, andorinha.

Porque pássaro diz o carvalho
E água o bordejo das línguas.
Porque não mais e por enquanto,
Porque não ainda e neste ínterim.

Vem do sul uma nudez pelicana,
Vem a corola e sua margem de abismo.
Do sul aquele rio neste rio
Subtraído de um momento,
Mas transbordante de si mesmo.

Adeus, pavio de vela,
Negro turbante, água de batismo.
Adeus para a pedra que rola,
Adeus para ti, pequenino.

A flecha será arremessada,
A flecha acaba de acertar a mira.
Na travessia de um ponto a outro,
Sempre o fim e volver para cima.

O que paira, o que silencia.

Paraíso

Não é terrível a morte pela vida que acaba,
senão pela eternidade que começa

Antonio Vieira

As vozes, de novo, as vozes –
O chacoalhar do guizo.
Esposas entrelaçadas, Virgínias,
Eucaristia dada aos porcos,
Dentes e membros e fendas e cicatrizes.

Haja fome, haja fúria!

A madrugada de pernas abertas,
Lateja o verde, explode a púrpura:
Venham todos de mãos erguidas,
Que as uvas já estão maduras.
Venham pequenos e grandes,
Venham graves e agudos.

Será noite quando chegarem
E quando quiserem partir, não poderão.
Infinitamente, o cativeiro.
O reverso do tempo: mil vezes noite.

Gritem, escandalizem,
Enganem-se uns aos outros.
Cantem por medo e sorriam,
Lambuzem os dedos de horror.

O prazer de matar, o jogo da mentira,
O banquete da carne ao vosso dispor.
O que existe de belo, quem souber que o diga.
Garras e chifres dirão mais e melhor.

Amores, torpes amores.
Pois que amem até a angústia!
Cubram-se de moedas,
Esquartejem a música!

Seja a felicidade megera
Que tudo quer, tudo pode.
Procriam as aberrações
Que a terra dá, depois come:
Magnatas, capitães,
Ratos que se dizem homens.

Seda, escarlate, marfim,
E ouro, muito ouro.

Divirtam-se, dissimulem
Qualquer resquício de alma.
A noite os sodomize,
Liberte-os para o ódio.

Limites, que limites?
O proibido nomeia-se fábula,
Flor de farinha, canela, cheiro verde:
Desfrutem, devorem, regalem-se!

O que resta do cordeiro
É pasto dos chacais.
As fontes entornam,
A faca trabalha.

Não peçam perdão,
Não se sintam culpados.
(Sempre há de vencer o mais fraco)
Aonde forem – e não será longe –
Acompanha-os a trindade
Da gula, da morte e do orgasmo.

Não perguntem pela razão,
Não pensem demasiado.
De uma antiga doença
Desabrochem novas enfermidades.

Não seja um membro imperfeito,
Um dorso, um rosto bastardo,
Mas a própria mente analfabeta,
Inteligência degolada.

Não chorem.

Dói a falta de recato?
Pois a dor os recompense,
Faça-os gemer mais alto.
Misturem-se as partes siamesas.
Dobre-se o ventre para o lado de fora.

O ócio pelo ócio,
Fogo nos compêndios da História!
Torne-se outro o que era um
E nenhum o que era vário.
Perca-se o fio da memória.

Mais funda a noite,
Mais a fêmea se contorce.
Escuridão prostituta,
Cruzes empestando as covas.

Não há dias que se desenrolem,
Só um imenso atoleiro de horas
Onde dura o irracional.
Crianças contaminadas pelo tédio,
Velhos fartos de deboche.

Vai subindo a fumaça do riso,
O pó do que eram ossos.
Toca uma flauta, esta flauta
Universal como a treva
E os irmãos se consomem,
Ladram e se consomem.

Orgia de crinas e patas,
O caos, o estribilho do nojo.
No imperativo perder,
Arrancar a planta, malbaratar.
No imperativo dançar
A dança dos animais,
Cascos e mãos para trás!

Quem jamais destruiu,
Jamais destruirá:
Os poucos que não vingaram,
Aqueles que foram poupados,
Sonâmbulos, vegetais.

Nunca o mistério, a piedade.
Nunca o repouso –
Só estrondo e mais noite: voragem.

Nada oculto no escuro
Que já não tenha sido violado.
Nada mais que o absurdo,
O apetite mórbido, o acaso.

Em torno da mesa,
Os filhos sem pai
Compartilham o fuzil
Na milícia geral da orfandade.
O avesso e o direito embriagam-se.

No corpo de cada um,
Seu feroz adversário.

Massacres!

Gira a roda dos convivas,
Gira a cabeça do filósofo.
Bocas cheias de desejo,
Tortura entre os aliados.

Despertos os que têm sono,
Limpas as mãos facínoras,
Mais ricos os pródigos.
Paraíso na terra:
As guerras, as feras, o córtex.

É o nervo que arrebenta,
Qualquer coisa que fermenta,
Uma boca e outra boca
No reparte das sobras.
É um tumulto de coxas,
De punhos endurecidos,
O espasmo, a epidemia,
E, ainda assim, não é o bastante.

Mel, leite, licor e azeite,
O vermelho-visgo,
Correm os humores.
Pois que derramem, transbordem!

Os amantes enlouqueçam,
Os embriagados se afoguem.
Esganicem como bichos,
Pois já não há mais que um balido
No lugar de toda a linguagem.
Nada: o ermo da palavra.

E esta sangria, quando acaba?
Perto do fim, mais o fim se dissolve.
Não esperem, não implorem.
Juntos na cama do altar, gozem!
Agora o cálice, a máscara, a roda.

As vozes, de novo, as vozes –

Vertigo

Oh que transe tão apertado! Oh que passo tão estreito!

Antonio Vieira

Bendita senhora dos Infernos,
Eco em que me pergunto e me contesto,
Vem até mim, abre teu olho cego,
Dá-me a graça de beber da água do Letes,
Eu quero tudo quanto arde sobre a erva,
Qualquer parte no infinito entre dois zeros,
O breu que sonha ser ponte no deserto,
Todo o tempo feito espaço no objeto.

Mas o que estou dizendo? Eu nada quero.

Minha santa mãe, peste das trevas,
Cadela mansa que desde dentro me persegue,
A que, por muito amar, também detesto,
Tem misericórdia, livra-me da cela,
Espero em ti o seio de outro hemisfério,
Um império de montanhas e janelas,
Seja meu o teu sangue sem afeto,
Teu o meu fundo de solidão e controvérsia.

Mas de que serve a fé, se não espero?

Mulher abençoada entre as mulheres,
A insana desatada, a predileta,
Adorada anfitriã dos meus incestos,
Eu peço estar contigo entre os exércitos,
Tua alma comigo no terror e na miséria,
Tanto no corpo negro como na idéia,
De uma só semente, aquilo que desperta
E despertando vive, espinho e pétala.

Mas quem de mim pede vida? Pois eu não peço.

Indomável torre dos mistérios,
Onde sempre um dos meus nomes adormece,
No claro o escuro, em ti a minha prece,
Segredo atlântico da pedra submersa,
Eu de joelhos, prazer e obséquio,
Por tua ciência, tua fúria, teus excessos,
Pela tara de tuas luas, esta prédica,
Salve a loucura, salve o êxtase da histérica.

Mas que ladainha é essa? Eu jamais rezo.

Estrela pura, escória da promessa,
Última rosa calcinada e manifesta,
Esteja em teu dia o curso de meu século,
No centro de minha cruz a tua égide,
E eu hei de saber o vento, cravar raiz na terra,
Multiplicar-me enfim no fruto de tua messe,
Minha razão em troca desses versos,
Que por cantar esta prisão eu me liberto.

Mas não há dia, vento ou terra, não há verso.

Arca dos pecados dos ascetas,
Única face diante da qual eu me confesso,
De onde se parte e para onde se regressa,
Minha lápide e meu espelho sem reflexo,
O saber anônimo na leitura dos provérbios,
A paz alcoólica no interior de um monastério,
Em ti sou uma e sem ti me desintegro,
E em cada poema, de trás para frente, eu te revelo.

Mas haja paz, haja o saber: eu apenas nego.

Asilo das vertigens, leito de cisterna,
Minha voz melodiosa e deletéria,
Aquela que me perdendo me recupera,
Toda beleza que, solene, me embrutece,
O silêncio sob as cordas do saltério,
Tua forma final sob minha forma desconexa,
Faz que eu mereça teu astro, tua pérola,
E que eu rebente absoluta, branca e régia.

Mas já não rebenta a coisa que é inerte.

Fêmea obscena dos sortilégios,
Mandorla que trago aberta no meu sexo,
A febre, a febre, e com ela minha ascese,
Das visões, a perversa, a indelével,
Do culto interno, o voto do nosso elo,
Teu apogeu verberando no meu credo,
Venha o colapso, estilhaço da matéria,
Este socorro total: eu redescoberta.

Mas quanta doença, quanto cenário, e quanta récita

De Agno

Mortal até o pó, mas depois do pó imortal

Antonio Vieira

I.

Eterno ao que vier, e serás tu.

Tanto que te pensei em horas largas,
Meu templo ungido, *Domus aurea*,
Menos terrível não haver te desvendado.

A clava e o castiçal, porque estremeço,
Todo o plasma fluindo para baixo.

Pergunto por que agora e não distante,
Por que lado a lado e outrora indócil.
Dentro, o guizo das madrugadas,
À tona, branca ausência e desacato.

Está desfeito o badalo do tempo,
Refeita a verdade do incontável.

Poeta, discerne-me entre as bestas:
Loucura, água benta e mãos atadas.
Escuta-me uivar enquanto escreves:
Palavra alma, corpo de atalaia.

Eu digo, homem de fé: tu matarás.

II.

As patas ardendo no sal do estrangeiro,
Bem-vindo seja o caçador que me tem.

Veias abertas, suplico, costas marcadas,
Que venha a cruz alta, flagelo do céu.
E venham amarras, estacas e brasas,
Este membro adaga, três vezes meu.

Ao som do alaúde, desce o fio d'água,
Esganiço e calo, me regozijo de medo.

Eu, placidez de cabra, perdão de joelhos.
Dentre os animais, um sim que pranteia.

Eu, estado de graça, salvar e adoecer.

Mais, peço mais, flor no baixo-ventre,
Auréola de fogo em minha cernelha.
Toda vela, todo véu, breu me possui
Enquanto, luz, possuo o reverendo.

Sagrada, profana: hóstia que me contém.

III.

Faz por esquecer que me degolas.
E que eu me abandone, inteira prece,
Loura sobre a campina, desejando.

Pensa-me com olhos aviltantes,
Que teu instante de rapina é agora.

Sou isto que agoniza em teu verbo
Mestiço de coisas belas e mortas.
Toma-me, senhor, além do incerto,
Ama a carne dada em holocausto.

Não te ausentes, mesmo sem demora.

Estou vencida, pejada de mentiras,
Desabitada se não me devoras.
Vem com teu assédio e o silêncio,
Meus artelhos premidos te imploram.

Eis o ofício que abole o mal das horas:
Um sabre, uma cerviz e o inevitável.
O mais que finge existir não nos importa.

IV.

Que me negues: eu permaneço.
Sem o teu braço, ainda me inclino,
Faltando a vergasta, eu a concebo.

Um novilho sabe onde deve pastar,
Quando se recolher e em qual abrigo.

Úmida para o nosso encontro e absurda,
Sou contigo mesmo solta à deriva –
Pura nudez de passagem e vítima.

Sob a árvore, eleita a primeira, a persuadida,
Por ti iniciada num banho de almíscar.

Meu rosto envelhece, não o meu destino.

Salmos e flores e archotes para a missa
Que hás de cantar numa língua já extinta.
Pois canta, digníssimo, celebra teu rito,
Afasta de mim a evidência do crime.

Por mais que teu último gesto me evite,
Hoje como sempre: não desisto, não duvido.

V.

Antes que tenhas partido, já te espero.
No cheiro do carvalho e das cerejas
Sei por onde vais e com que sede.

Só o inverno promete o teu regresso,
Orionte no céu da noite quando chegas.

Faço-te um palco natural, e ali me deito,
Eu e meu espaldar de penitente.
A lei que me constrange me deleita,
Por isso a farpa, a mordaça, o mandamento.

Que sejas brutal e não te detenhas.

Vê no colo dourado da montanha
A coroa de rama, a cor do leite.
Vê como se inflama tua cria adolescente,
Assim entregue, rendida – uma oferenda.

Meu horror diante do teu olho arqueiro,
Que me toca, me atravessa e me desventra.

Meu gozo porque te tenho se me tens.

VI.

O animal na vara, um livro tornado pó,
Êxtase, êxtase, êxtase: terra, ar e sol.

Tudo o que foi feito e ainda me consome,
Uma tarde bíblica e seu tempo de queimar.

Tudo o que violentamente me despoja,
O algoz com sua lâmina, seu ódio arcano,
O luto pela vida incendiada e o esponsal.

Agnus, meu sacrifício, tua santificação.

Eu, que desci à realidade como fera,
Eu, que te servi em pele de vitelo,
Despeço-me para o alto e levo-te comigo.

Acabou-se o mundo dos outros, alfaia.
À sombra da lei e apesar da vontade,
No rubro-azul de uma chama, acabou-se.

E aquela tarde queimando no deserto,
Nosso espasmo no ato final da cerimônia.

Ariadne

Vê-te bem nestes dois espelhos do tempo, e conhecer-te-ás

Antonio Vieira

Um caminho
A nenhum sonho parecido,
O passo em que te sigo.

Quarenta e oito horas
Num só dia
Até o dia em que tuas horas
Sejam minhas.

Este novelo,
O tendão da nossa lira.
Ao menor toque
Responde um outro toque,
O centro é próximo,
Dança o inimigo.

Leste, oeste,
Danço eu, se te pressinto.
E vou descrevendo
Minha pergunta obsessiva
A cada volta do círculo
Visto de cima.

Vou aonde for
Comigo o teu respiro.
Uma viagem nova
Sempre que uma nova esquina,
Mas qual seja o rumo
Há somente uma saída.

Louco afeto de supor
Que faço a perícia do teu corpo
Nessas trilhas,
E que ao final de tantas idas e vindas
Chego ao mais vivo,
Mais álacre dos teus gemidos.

Enquanto me farto de vontades
E saberes
No sinuoso encalço do teu ritmo,
O centro de uma vez se distancia.

E eu continuo,
Renasço, reincido,
A fadiga é outra fibra que me excita.
Vou através da tua membrana,
Dos teus meandros de pensamento,
Tuas vísceras.

O que existe de solar
Na coisa íntima,
De oculto numa superfície,
Eu descubro entre os muros
Do tempo
No presente do futuro por um fio.

E eu te toco e eu te visito,
Esboço minha residência
Nos desvios.

Mais uma curva, outra volúpia,
E será o olho do labirinto.
Seremos nós,
Teu acorde e meu silêncio,
Nossa música e a vez do inimigo.

E ele arfa e ele se exercita,
O touro de peito largo,
Máscara retinta.
O homem me querendo para o rito.

É ele que me chama,
Que me desafia.
Membro e nervo, nervo e membro
E um olhar de duas opalas
Padecendo de solidão e delírio.

A boca, dou-lhe a boca,
Também o ventre, se é preciso.
Com meus dedos teatrais
E uma tal obediência líquida.

Mais que o bastante,
Dou o inadmissível.
Lavo a pátina dos limites.
Do animal tiro a potência,
Do homem, seu apetite.

Vibra o cordão,
Eu estremeço contigo.
Leste, oeste,
Vou do fim ao princípio.
Escrevo, prossigo.

Palmilhar teu avesso
Pelo avesso do espelho.
Deslindar tua forma
Pelo lado de dentro.
Eu te reflito, eu te desejo.

É o nó de duas pontas,
O rio de duas fontes,
O subterrâneo do mito.

Ariadne à flor do rosto de Afrodite.

Poética

Estai comigo

Antonio Vieira

I.

Avante, senhores!
Pendurem seus disfarces.
Esta é a coisa desejada,
Fina penugem,
Cheiro de damasco.

Vejam como pulsa
Para cima e para baixo.
Quanto mais alimenta
Do que a fome saciada.
Que viço, que calor,
E que ritmo bem marcado.

Agora para todos o que é
Sem governo e sem traslado.
Para cada um o que há de seu,
Murmúrio de cabala.

O sumo brota, extravasa.
Desmorre em puro luxo.
A coisa aberta, a coisa dada.

II.

Eia, miseráveis!
Larguem seus escudos.
Este é o corpo disponível,
A veia quente, maliciosa,
Gentileza de um pássaro.

Não há que ter pressa.
Esmerem-se no toque,
Reparem os pés descalços,
Os membros vulneráveis.
Uma vez, duas vezes, três
E o tempo não se move.

Trópico da liberdade,
Os homens entranhados
Na delícia de invadir,
Transgredir sem ser baldado.

Tantos viajantes do corpo
E no corpo tanto amor por nada.
Aqui se faz, mas não se paga.

III.

Salve, irmãos!
Enterrem seus pecados.
Esta é a alma castiça,
A verdade que faltava.
Clareira, passagem.

Deixem-se envolver,
Participem da graça.
Sempre nesta hora
Uma só coragem.
Tu e eu, um só instinto
Farejando o milagre.

E o mundo se contrai
E o mundo se dilata.
Músculo de tudo,
Fogo de todos os fogos.

Dentro e fora, fora e dentro,
A coisa, o corpo, a alma.
Isto que não tem palavra.

Almádena

Vive assim como quiseras ter vivido quando morras

Antonio Vieira

Almádena, ensina-me a voltar.

Já varri todos os mortos,
Não há restos no chão.
Um quarto branco, uma cadeira,
O meu tempo é o presente,
Não tenho do que me queixar.

Está feito, celebrado.

Janelas e portas abertas,
Na mesa a fruta matutina,
O lírio, o copo d'água.
Uma casa agradável,
Fosse isto uma casa.

Eu me traí, Almádena.

Agora chove,
É uma tal plenitude,
Império absolvido de história.
Quanta memória vencendo,
Cobrindo, cavando o rosto,
Quantos dias, quanto cinzel,
Quantas horas.

Está chovendo ainda.
Eu tenho um rosto sem marcas.

A lua do amarelo ao sono
E essa estátua que me olha.
Uma obra merecida, consumada.

Eu desapareci, Almádena.

Nada cumpre dizer
Tanto quanto dizem esses olhos.
Eu vivo como quem ama,
Eu consinto,
É só o que me cabe.
Dar e repartir, fazer que não sei,
No bronze ser o animal que dorme.

Há uma única lâmpada,
Há um violino
E a mão que o desata.
O vento de quando em quando,
O terço quadrante e a pedra rolada.

Há uma chave que nada guarda.

A terra esplandece,
Consorte de quem parte.
Agora amanhece.

Eu me perdi, Almádena

Não há rumor nas coisas,
Elas são o que são,
Não desejam explicar-se.
A porcelana, a cambraia, a murta
E a falta de uma asa.

Aqui não existe o medo,
Eu planto e eu desbasto.
As paredes ardem,
A erva recende,
O sol vem do leste,
Tudo em perfeita ordem.

Está pronto, terminado.

Um rasgo, um passo em falso,
Uma sombra,
Agora é tarde.
As cartas não chegam
Nem são enviadas.
A mesa está limpa.

Eu me esqueci, Almádena.

As cores, como elas vibram,
As auroras.
O verde das baixas altitudes,
O vermelho, o azul,
Como entornam.

Eu desço e me arrebento,
Eu despenco, sou forte.
A natureza é forte.
Quatro pilares me suportam.

O céu sobre todas as torres,
Todas as luzes, exceto uma.
As nuvens se cruzam,
Juntam-se e se afastam.
Há uma brisa lá fora.

O corpo está servido,
O corpo está saciado.
Agora anoitece.

Protege-me, Almádena.

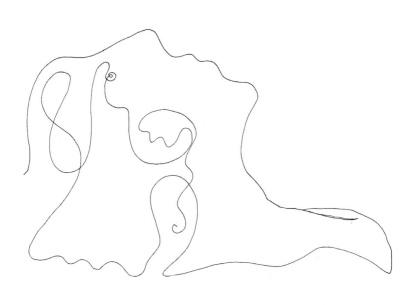

Canto de Ofício

Pelo que foste e pelo que hás de ser, estima o que és

Antonio Vieira

A cada dia, por ser hoje,
Eu te agradeço.
Por esse quarto à meia luz
E outros mundos,
Por esse gosto de amêndoa
E outros prazeres.

Quem quer que sejas tu
E onde estiveres,
Sob qualquer face
Que me apareças,
Assim é.

Pela incerteza essencial
Sobre mim mesma,
E estas palavras
Desde há pouco sem proveito,
Entranha, mistério, vereda
- Eu agradeço.

A cada noite inaugural
E derradeira,
Que me sustém
Não menos que o suficiente,
Bendito o fruto, o sal, o chão
E este silêncio.

Fundo de ravina o meu lugar,
Se já não creio.
Alto de um monte, se resisto.
E descrendo, resistindo,
Eu agradeço.

Que me possua o antro
Dos meus edifícios,
Como a pedra ordinária
É possuída
Por sóis e luas
Em seu tempo de maré.

Que eu me refaça
De quanto tenha desistido
Como a dizimação de um povo
No testemunho dos vivos.

E que eu envelheça
Par a par com esta casa,
Debaixo do musgo e da poeira,
O corpo palpitando ainda,
Mas num insensível batimento.

Por tudo o que se eleva
Numa onda
Logo se quebrando
Junto à espuma,
Pelo que no adeus se perpetua,
Sim, louvado seja.

Embora muito fique por saber
Das letras e dos números,
E tanto por dizer
Sobre o mal e a loucura,
Embora o rosto penso,
O grito, os pés inúteis.

Quão breve o momento
E quão vasto seu milagre.
Os favores da pele,
O céu de um poema,
A benção do pão e da água.

A benção, apesar
Do irremediável olho cego,
Das almas perseguidas
E do aborto solitário.

Porque aqui se chega,
A este dia e a esta luz
E é tão raro aceitá-lo.
Porque daqui se vai.

O adágio,
A flor do ourives,
O vermelho da China,
Um giro de bailarina,
Graças a ti, todas as artes.

Por esse vinho
E seus quinze outonos.
Pelo descanso da terra.
Por essa terra.

Da Liberdade

Em que cuidamos, e em que não cuidamos?

Antonio Vieira

Amanhã
O campo será limpo,
Refeita a vida
Com que se entrega a vida.

E quantos eventos desaparecidos –
Teoremas, consórcios,
Braços políticos,
O desejo por uma mulher
Chamada Eliza.

Quanta honra
Antes que a fome
Aportasse
Com seu verdadeiro prestígio.
Provérbios de qual bíblia
Antes da última vértebra partida.

O uniforme ainda será útil
Ao subir do fogo.
A estrela em volta do pescoço
Envolverá outro pescoço.

E para onde o medo,
Se houve medo,
Para onde
A certidão do futuro,
A perversa delicadeza do corpo.

Debaixo de alguma porta
As notícias perdem seu minuto.
Um quarto é esvaziado,
Sapatos, lençóis e demônios.

Os relógios se multiplicam,
As alianças, os dentes de ouro.
Misturam-se os suores do pânico,
As cicatrizes de infância.
Resistência, exaustão.

Eis o balanço final
De sete milhões de nomes –
Uma nuvem de cabelos
Suspensa no ar, cintilando.

E para onde
O ofício das paixões,
As perguntas difíceis,
Aqueles olhos castanhos.
Por que, até quando.

Cabeças e páginas arrancadas,
Delírio, dissipação.

Era possível mentir,
Suportar os recessos do amor,
Iludir o apelo do estômago.
O templo continuava a ser templo,
Ainda que espoliada
Sua taça mais branca.

Aquiescer era necessário.
Saber poupar as migalhas.
Aprender os efeitos evidentes
De causas ignoradas.
Meditar com que força seguir,
Mas não com que saudade.

Entre datas extremas,
Quantas outras que se vão.

Havia um homem
Que construía e guardava.
Havia uma moça estrangeira
Com seu calendário de sortes.
Agora os dois se recebem
Na crista do monturo.

Pele contra pele,
Os espaços são curtos.
Pernas jovens e velhas,
Não interessa se antes
Ágeis ou mancas.
Pedra sobre pedra.

Então, o impossível,
O desnecessário.
Nada mais a defender
Ou contra o que trabalhar.
Ciência nenhuma
Que ao anonimato já não se iguale.

O campo limpo,
A vida refeita,
Alguém virá para ser o primeiro
A falar novamente - e escrever -
Por sobre o jazigo das línguas.

O poeta depois de Auschwitz.

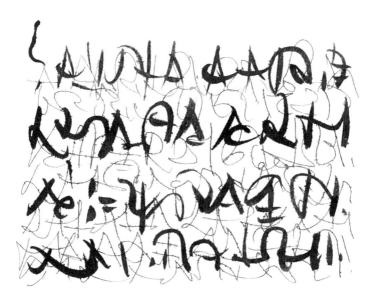

Manuscrito do Fogo

Memento Homo

Antonio Vieira

Ainda não é hora,
Há que tecê-la.
Adubá-la
Para o seu devido tempo.

As chuvas, as unhas lascadas,
O restar na penumbra,
Mas a hora ainda não está madura.

As gavetas cheias,
A palha trançando o cesto,
O casaco no ponto da agulha,
Tudo é fruto.

Enquanto acesa a vela
Para a noite do pastor,
Generosa é a doação do fogo.

O braço se estende
Como se coberto de plumas,
Poderia, quem sabe, tentar um vôo.
Pernas que, de tão leves,
Não deixariam rastro de fuga.
E esta voz maviosa, que canta.

São os pequenos grandes eventos
De um diário de bordo:
A poeira sobre a mesa,
Um perfume de laranjas,
O sono dormido em outras camas,
A nostalgia do amanhã.

Quanto cansaço, quanta luz.
Queimam as provas da razão,
Mas o pavio é longo.

De novo a sede reclama,
O prato está vazio,
O sexo dilata.
Urgências de uma alma
Ancorada na carne e em suas rugas.

E o tributo que se paga
Por estar vivo,
Número de registro,
Licença, currículo,
Passagem.

E os planos traçados
Em sigilo
Para eternizar a duração da rosa,
Dar de comer a um gato,
E caminhar com os pés descalços
Sobre um mar de grãos.

No teatro da quimera,
O mais romanesco dos atos:
Um lugar para morrer
Entre as muralhas de Évora
Numa tarde de maio.

Pássaro de mosaico,
Caligrafia no jarro,
Sete mil contas vidradas,
Assim vai se fazendo a hora.

E queimam os projetos
Desde muito sepultados
De não perguntar
Pelo que não se deve saber,
E menos temer que amar.

Fia-se o tapete, desfia-se,
A areia escorre de um bojo a outro.
Badala o sino, badala o peito,
O sol já rasteja,
E, apesar disso, a chama.

Quanta sombra, quanto gozo.
A água para o chá das dez
Borbulhando a um palmo da mão,
O vapor com que se prepara o sono.

E para distrair o acaso
De suas travessuras,
Deixar-se ficar, simplesmente.
Para dar alma à casa,
Torná-la necessária,
Simplesmente deixar-se ficar.

E se os pés caminhassem,
Levassem o mundo
Para dentro do mundo,
Se não voltassem mais?
Apenas uma hipótese.
(Mas e quando não voltarem mais?)

Na direção leste do céu, Pégaso.
Então se diz: é verão.

A safra rendeu pouco,
O caule cedeu,
A pele já não tem mais aquele frescor.
Mas a terra permanece
E o vinco marcando a boca
Imprime o sinal
De uma indecifrável alegria
Sobre o rasgo de antigos pavores.

Quantas odisséias escritas
No centenário da estrada,
O correr de um outro rio
Na areia que o vento lava.
O vento e incontáveis passos –
Uns que regressam,
Outros que não chegaram.
Relatos de pioneiros e náufragos.

De repente, a imaginação invade
O que terá sonhado
Aquele homem de mil anos atrás,
Um vassalo na casa do senhor
De quem nenhum outro homem
Se lembra agora.

Baixo-relevo na pedra,
Ânfora pintada.

E se a boca aprendesse
O momento de calar
Para melhor dizer,
Se recitasse mais, saboreasse mais.
Se os olhos, se os dedos,
Ágape dos sentidos,
Se o pêndulo, se a clepsidra.

A cera derrete e se remodela,
Um galo decreta a noite.
Cada órbita se cumprindo
Para que a matemática siga
Com seu balé de algarismos
E páginas se acumulem.
Teses, revoluções.

Prepara-se o vaso, o epitáfio,
A moldura do espelho,
A primeira idade do álamo.
Seis manhãs, sete madrugadas
E um rosto emerge do mármore.
Meio século para a construção da abadia,
Segundos para derrubá-la.
E assim vai se fazendo a hora.

Erguendo, inclinando,
Tangendo as abstrações,
Materializando
O medo na mordaça,
A morte nos poros vedados,
A simples felicidade num quarto,
A juventude extinta em Cassiana.

A hora ecoando, vertendo,
Inflamando a alegoria
Da balbúrdia das línguas
E dos jardins de canela
E da grande Prostituta
Em escrituras profanas.
O ano do jubileu se exibindo
No produto dos campos.

E na borra da vela consumida
Amontoam-se os erros formidáveis,
A virtude quebrada, o descaminho.
Torna ao pó o aceno desfraldado
Com ternura de mãe, mas nunca visto.
Desaparece de novo e de novo ressuscita
A palavra mal pensada
Que levou embora o amigo.

E o braço se inclina
Como que sob o peso do chumbo.
Pernas que, de tão velhas,
Não ousariam saltar um muro.
E esta voz esgarçada, que range.
Desejo de ser a ave do Nilo
Que renasce da essência do cinamomo.

Treme o farol para aquele que vem
E o quasar na lente do telescópio.
Quantos olhos mais, quantas brasas
Sob a tocaia da lâmpada.
Explode o botão na corola,
Explode o núcleo do urânio.
É o aroma da fertilidade,
É a catinga da devastação.

E quanto dura a restauração da cidade
Diante da sua ruína?
Quanto duram as ruínas?
A caverna dos manuscritos,
O baile dos povos, o hino dos povos,
Sua semeadura, sua vindima.
Quanto dura este círio?

Se fosse possível sair,
Deitar o continente das partes,
O espólio das obras,
Se permitido fosse vagar
Sem os pés, sem o aviso dos ossos,
Eximir-se de ganhos e faltas,
Fugir estando ao redor,
Um instante apenas, um relance.

Pelas mãos aborígines
Que esculpiram essa lança,
Reconsideram-se as cronologias.
E as mãos que cifraram os códigos,
Que tingiram uma prece
Na casca da árvore,
Hosana à memória.

E a mensagem guardada sob as dunas,
Debaixo das mesquitas,
A doze quilômetros no abismo,
A pirâmide que alçou a força escrava
Para o orgulho dos reis
E a amnésia de seus filhos.
O que matando concebeu,
E, por ter sido concebido, morreria.

Assim está feito, posto,
Urdido, enraizado.
Ao alcance dos dedos,
Tão grandioso e tão frágil.
O balanço da candeia
Na sombra desta luz,
Na seiva desta fala.

A hora plena, cinza e dádiva.

Hodie

*Tomemos cada dia uma hora em que
cuidemos bem naquela hora*

Antonio Vieira

I.

Há de ser mais do que a vida.

Mais do que a estrela do corpo
Que se põe todos os dias,
Com seu coração refém
Das pequenas olimpíadas.

Há de ser mais, muito mais
Do que esse deus enxadrista,
Mais do que o par da minha sombra
E a iluminura das tuas cicatrizes.

Há de sobrepujar nosso caminho.

Quantas vezes mais será
Do que a invenção do inimigo,
Tanto mais do que as mãos,
Sua pistola, sua prece, seu címbalo.

Passará o algar das raízes.

II.

Os diferentes mundos,
O eterno homem sozinho,
O peso assente nos ombros,
A maçã, o cardamomo, o trigo –
Há de ser mais do que isso.

Mais do que a hora perdida,
Do que esta noite e a seguinte,
Do que Alcatraz e Treblinka.

Mais, muito mais do que a esposa,
Os filhos, os velhos e o amigo.

Excederá o jogo da roleta,
Perderá o atlas dos países.
Será além do pão e da carne,
Da carne e seu véu de formigas.

Além da mais altissonante teoria.

III.

Atravessará meu canto de aleluia,
O verão entranhado nas coisas,
O que teu punho entende por justiça.

Há de pairar sobre o feito e o refeito
E sobre o restante já esquecido.
Será mais acima do topo,
Acima da injúria e da orquídea.

Mais real do que as coisas, mais físsil.

Diante do que toda ciência é pouca,
Toda fábula, todos os ritos.

Um disparo, uma faísca,
Tua história desembocando na minha,
O que quer que tenha um princípio,
E será mais além, mais acima.

IV.

Nem afável, nem terrível,
Igual para tudo que existe.

Do pelicano dos rios
Ao camaleão da Namíbia,
Da anêmona dos recifes,
A alguém como nós e outros mil.

Triunfará sobre a púrpura e o branco,
Sobre os ramos, as teias, os ninhos.
Será antes da rosa-dos-rumos,
Muito antes do buliço
Entre acordar e dormir.

Para além do último gesto,
Aquém do primeiro,
Fora de toda idéia sensível.

Há de ser mais do que a morte, esvair-se.

Sobre a Autora

foto Samuel Leon

Mariana Ianelli nasceu em 1979 na cidade de São Paulo. Formada em Jornalismo, mestre em Literatura e Crítica Literária pela PUC-SP, é autora dos livros *Trajetória de antes* (1999), *Duas Chagas* (2001), *Passagens* (2003) e *Fazer Silêncio* (2005 – finalista dos prêmios Jabuti 2006 e Bravo! Prime de Cultura 2006), todos pela editora Iluminuras.

Site Oficial: www.uol.com.br/marianaianelli